Sonne, Mond & Sterne
Gedanken - (Ge)dichte

Sophia Shanina Blaser

Sonne, Mond & Sterne
Gedanken - (Ge)dichte

Sophia Shanina Blaser

© 2025 Sophia Shanina Blaser

3. Auflage, Vorgängerausgabe 2022

Covergrafik: Shutterstock
Coverbild: Geralt, Pixabay
Grafiken im Buch: Shutterstock
Lied Zitat (S. 9): „Laterne, Laterne"

Quelle: https://www.liederkiste.com/index.php?s=laterne-laterne&l=de / Text und Melodie: traditionell

ISBN Softcover: 978-3-347-51817-9
ISBN E-Book: 978-3-347-51820-9

Druck und Distribution im Auftrag der Autorin: tredition GmbH, Heinz-Beusen-Stieg 5, 22926 Ahrensburg, Deutschland

Das Werk, einschliesslich seiner Teile, ist urheberrechtlich geschützt. Für die Inhalte ist die Autorin verantwortlich. Jede Verwertung ist ohne ihre Zustimmung unzulässig. Die Publikation und Verbreitung erfolgen im Auftrag der Autorin, zu erreichen unter: Sophia Blaser, Industriestrasse 35, 3422 Rüdtligen, Switzerland. E-Mail-Adresse: sophia.blaser@gmail.com

Für meine Nana, dafür, dass du mir, als ich gerade so schreiben konnte, ein Schreibheft geschenkt hast. Du hast mir ein Zuhause geschenkt, nicht nur auf diesem Wege.

Und für jeden, der sich schon einmal unendlich einsam gefühlt hat. Die Sonne, der Mond und die Sterne haben jeden deiner Schritte auf Erden begleitet. Sie sind Teil eines Universums, von dem auch du ein Teil bist. Ohne dich wäre es unvollständig.

»Sonne, Mond und Sterne.
Bleibe hell, mein Licht.«
- Laterne, Laterne

Sonne: S. 13

Mond: S. 61

Sterne: S. 111

Vorwort:

Aller guter Dinge sind drei. Hier bin ich also und schreibe ein Vorwort zu dem Buch, welches ich nun drei Mal in die Welt gelassen habe. Das zeigt doch so wunderbar, dass nichts je gänzlich »weg« ist. Schliesslich ist ausnahmslos alles Geist und damit nicht nur alles verbunden, sondern alles verschränkt. Der Gesetzmässigkeit der Zyklen, des rhythmischen Wiederkehrens, habe ich es zu verdanken, dass ich den Inhalt dieses Buches nun ein letztes Mal schleifen und verfeinern durfte. Es kam einfach immer wieder an meine Tür und hat angeklopft, solange noch etwas anstand. Nun ist es gut. Alle Editionen sind auf ihre Art in der Welt, als Zeugen ihrer Zeit.

Ich war fünfzehn und sechzehn, als ich dieses Buch schrieb. Das ist sechs Jahre her. Ich habe diese Jahre in zurückhaltender Freude über dieses Buch verbracht, während ich sanft und weniger sanft in seine Worte, in meine Worte, hineinwachsen durfte. Denn auch wenn ich sie damals bereits als meine Wahrheit erkannte, fühlten sie sich etwas futuristisch an, als wäre ich noch nicht ganz dort, wo diese Worte bereits waren. Und als ich sehen durfte, dass etwas an diesem Prozess, an diesem Buch, noch unfertig war, ging ich ein weiteres Mal an die Arbeit. So wurde es zu einer Geschichte, einem Zusammenspiel zwischen Vergangenheit und Gegenwart. Die Freude ist von zurückhaltend in schöpferisch-ruhig umgeschwungen.

Nun ist es fertig, und ich schliesse dieses Kapitel ab, mit einem letzten Durchgang, wie ein Blick in eine Zeitkapsel. Bis auf einige wenige sind alle Gedanken - (Ge)dichte geblieben; in ihrem Inhalt wurden einige leicht gewandelt, in ihrer Form mehr der Essenz meiner Wahrheit angelehnt.

Ich habe gestaunt, als ich die Zeichen erkannte. Auf dem Cover der 2022 erschienenen Neuauflage waren nicht nur eine Sonne und ein Mond, sondern, erkennbar an seinen Ringen, auch Saturn vertreten. In der Astrologie sind diese drei Teil einer Trinität (womit wir wieder bei der Drei wären) und repräsentieren den Körper, die Seele, den Geist. Schon vor Jahren, als ich die Astrologie noch nicht als eine der Lieben meines Lebens kannte, waren mir die Sonne, der Mond und die Sterne so nah, dass ich sie zum Titel meines ersten und bisher einzigen Buches machte. Wie wunderbar ist kosmische Führung! Diese Kraft, die uns als Teil des Ganzen in Geborgenheit hält.

Sonne, Mond und Sterne. Womöglich waren schon seit jeher drei Schritte geplant. Die erste Veröffentlichung war die Sonne, die Neuauflage der Mond und nun waren die Sterne dran. Verteilen war angesagt, Fühler ausstrecken, in allen Systemen fühlen, was noch nicht in Ordnung ist, all jenes in die kosmische Ordnung bringen. Sonne hat unser Sonnensystem eine und die Erde hat einen Mond. Doch Sterne gibt es unendlich viele, siebzig Trilliarden im sichtbaren Universum.

Nun wünsche ich dir viel Freude beim Hochtauchen, Eintauchen und Entdecken zwischen der Sonne, dem Mond und den Sternen.

Wir sind das Leben

Wir sind das Leben.
Und manchmal scheitern wir, dieser eine Mensch zu sein, der wir so dringend sein möchten.
Vergiss nicht das Schöne am Leben, es lebt weiter in uns, auch wenn der Schatten das Licht zu verdecken scheint.
Es gibt beides, Licht und Schatten. Warum wohl? Wir wollen diese Erfahrung machen.
Und wir entscheiden jeden Tag, welche Seite wir in unser Herz, in unser Sein, lassen.
Du entscheidest über deine Gedanken. Jene, die dir dienen, jene, die dir zu schaffen machen. Wähle weise.

An einen jungen Menschen

Lerne viel, lache viel, liebe ehrlich, sei lebendig.

Weine nicht zu oft, um was du nicht zu ändern vermagst,
sage, was du denkst, ändere damit die Welt.

Sonnige Tage werden kommen. Verleugne nie, wer du bist.
Regentage wird es geben. Du bist nicht unsichtbar.
Stürme werden aufziehen und dir wird es gut gehen.

Spreche deine Wahrheit und höre zu.
Geniesse es da, wo du gerade bist. Entdecke die
wunderbaren Gaben, die du in dir trägst.

Manchmal fühlst du dich vielleicht auf die richtige Art
falsch. Sei ehrlich, sei echt, sei du. Wisse, du bist genau so
gemeint. Du bist richtig und gut, wie du gerade bist.

Du wirst geliebt.
Du wirst ernst genommen. Erfreue dich am vergänglichen
und habe keine Angst.
Du bist nicht allein, dir wird es gut gehen.

Übernehme Verantwortung, lerne zu verzeihen,
lerne, um Entschuldigung zu bitten.

Respektiere die Menschen,
wie sie sind, und am wichtigsten: Respektiere dich, als den
wunderbaren göttlichen Menschen, der du bist.

Für die Liebe in uns

Ich hörte die Stimmen in meinem Kopf, die mir sagten, was ich alles falsch mache und dass ich nicht genug sei.
Sie hatten viele Gesichter. Eine Zeit begleiteten sie mich, bis sie nachliessen, vielleicht für immer.

Ich weiss heute, jeder Mensch kennt diese Stimmen. Und es gehört zu unseren Aufgaben, sie verstummen zu lassen.
Also habe ich begonnen, mich als Heldin meiner Geschichte zu sehen.

Ich hatte viele Helfer. Die Helfer sind genau so wichtig wie die Helden. Sie zeigen den Helden, wo sie hingehören, passen auf sie auf, sagen ihnen, dass sie nie allein sind.
Und beschützen sie, manchmal auf ganz und gar heldenhafte Weise.

So wie Peter Pan und Tinkerbell.
Wie Timon und Pumba
oder Winnie Pooh und Christopher Robin.

Ich habe gelernt, dass ich auch beides sein kann.
Heldin meiner eigenen Geschichte und Helferin in den vielen Geschichten meiner Mitmenschen.

Wir sind alle Helden,
die Helden unserer eigenen Geschichte. Und wir leuchten jeden Tag für und durch die Liebe in uns.

Schneeflocke

Liebe Schneeflocke,
ich würde dich gerne ganz fest umarmen. Doch das geht nicht, das weiss ich genau. Du und ich, das ist eine Kombi, die nicht funktionieren kann.
Also hab ich dich aus der Ferne lieb, sehe dir beim Leben zu, auch wenn du meines ganz bald verlassen wirst.

Verlorene Träumer

Diejenigen, die ihre Richtung verloren haben, denen ein Kompass fehlt. Diejenigen, die sich eine farbenfrohe, eine helle Zukunft wünschen.

Diejenigen, die nicht einfach akzeptieren, was vielleicht änderbar wäre und sich nicht selbst verleugnen,
die sich ihr Lachen nicht nehmen lassen.

Diejenigen, die wissen, was hinter ihrem Rücken über sie gesagt wird und trotzdem oder genau deswegen
nur noch strahlender durch die Welt gehen.

Diejenigen, die lachen und aus ganzem Herzen lieben. Die vergeben haben, was sie einst erfahren haben.

Sie alle kennen die Antworten auf die Fragen ihrer Herzen. Deshalb leuchten sie so hell.
Sie sind, so mag man sagen, verlorene Träumer.
Beobachten den Moment, wie er zur Erinnerung wird und wünschen sich zurückzukehren von wo sie einst kamen.

Sie sind der Funke, der das Feuer des Wandels zum Brennen bringen wird. Jeder einzelne göttliche Mensch unter ihnen hat die Kraft, Berge zu versetzen.
Und genau deswegen sind sie die Wissenden, die Findenden, viel mehr als die Verlorenen.

Spürst du es auch, das Feuer des Wandels? Fühlst du es ganz tief in deinen Zellen, dieses Ja, das in dir hallt? Finde diesen Funken. Entzünde ein Feuer, das nur du anzufachen vermagst. Du kamst für diese Zeit, gefundener Schöpfer.

Was wir brauchen

Manchmal ist das,
was wir brauchen, ein Mensch, der uns zuhört. Der uns
Glauben schenkt, wenn wir selbst nicht an uns glauben.

Jemand, der uns festhält,
wenn sich die Welt für uns zu schnell dreht.
Jemand, der keine Fragen stellt und einfach nur da ist,
einfach immer da ist, Räume hält.

Wenn du einen solchen Menschen nicht hast, bedeutet das
nicht, dass du ihn nicht verdienst. Es bedeutet, dass du für
dich selbst dieser Mensch sein kannst. Sei dieser Mensch.
Sei du. Fang heute damit an. Sieh zu, wie die Liebe, die du
dir selbst gibst, dich zum Strahlen bringt. Sei Leuchtturm.
Mache das Licht zu deinem Mantra, deinem Takt, deiner
Schwingung.

Nur du kannst antworten

Irgendwann wirst du in der Lage sein, zu sagen, was du sagen willst. Zu glauben, was du glauben willst und mit Menschen über das sprechen, was du liebst.

Du wirst in der Lage sein, deine Lieblingsmusik zu hören und dazu zu tanzen, ohne unsicher zu sein.
Du wirst deine eigene Geschichte schreiben,
über einen besonderen Menschen und das Leben, das diese Seele hier haben wird.

Du wirst in der Lage sein, im richtigen Moment ja und nein zu sagen und vor allem wirst du sein können, wer du bist.

Nichts daran mag gradlinig sein und ich werde dir nicht sagen, wie du dieser Mensch werden kannst. Aber ich weiss, dass du den richtigen Moment erkennen wirst. Du wirst ihn erkennen, ihn fühlen.

Womöglich wird kaum etwas an diesem Weg der Definition von einfach entsprechen. So kann sie sein, diese Erfahrung. Herausfordernd, dir den Atem nehmend. Und wunderbar und ganz und gar unantastbar.

Es mag nicht leicht sein, du selbst zu sein. Du könntest verletzt oder zurückgewiesen werden, es wird versucht werden, an dir zu zerren.

Und doch ist es das einzig Richtige, und du weisst ganz tief in dir, dass es das wert ist, dass du es wert bist. Es ist das, was deine Seele tun möchte, sonst wärst du nicht hier, nicht so, nicht du.

Ich werde dir nicht sagen,
wie du dich selbst erreichen kannst und die hundert Bücher und Instagram-Profile werden das auch nicht. In ihren Worten werden sie Wege weisen, und einige mögen deinem Weg ähneln. Sie können Glühwürmchen sein, vielleicht sogar Leuchtturm.

Doch der einzige Mensch, der den Weg zum Kern dieser Inkarnation gehen kann, bist du selbst.

So wünsche dir, dich selbst zu erkennen, wünsche es dir mehr als alles andere auf dieser Welt und deine Seele wird antworten. Sie kennt den Plan. Jede Abzweigung ist ihr vertraut.

Your Name

I don't know your name,
but somehow I know your soul …
So who are you, stranger?

Ich kenne deinen Namen nicht,
aber irgendwie kenne ich deine Seele.
Also wer bist du, Fremder?

Du kannst sie nicht alle retten

Ich kann nicht für alle kämpfen und sie beschützen.
Ich kann nicht der Held jeder Geschichte sein, nicht jeden von seinen Schmerzen befreien. Ich kann ihre Leben nicht ändern, nicht bewirken, dass sie glücklich mit sich sind und ich kann auch nicht die Probleme eines jeden Menschen lösen.

Es ist mir nicht möglich, genauso wenig wie es meine oder die Aufgabe eines anderen Menschen ist.
Nur sie selbst können ihre Erfahrungen machen. Und das zu lernen, tut manchmal wirklich weh.

Alles, was ich für sie tun kann, ist sie zu lieben. In ihrer Verwirrtheit, ihrer Chaotik.
In ihrer Trauer, ihrem Schmerz. Ich kann sie sehen.
Und ihnen dabei helfen, sich selbst zu sehen.
Ich kann ihnen zuhören, ihnen sagen, dass sie nicht alleine sind, dass sie keine einzige Minute ihres Lebens alleine waren.

Ich kann sie annehmen und ihnen beistehen, wenn sie sich selbst nicht lieben können. Menschen zu inspirieren, bedeutet nicht, ihnen meine Lebensweise zu präsentieren.

Zu inspirieren bedeutet,
ihnen ihre eigenen Begabungen vor Augen zu führen. Ihre eigenen Kräfte, ihre eigene Kreativität, ihre liebende Seele, ihr loderndes Feuer.

Dasselbe gilt aber auch für dich.
Niemand kann dich retten, ausser dir selbst.

Also meine Nachricht an dich da draussen:
Es wird immer jemand anderer Meinung sein und davon überzeugt, du tust das Falsche.
Solange du nicht dieser jemand bist,
sollte dich diese Meinung nicht davon abhalten, zu tun, was auch immer durch dich getan werden möchte.

Fühlst du dich jemals unendlich alleine, so wisse, wie vielen Menschen es genau so geht. Sie werden niemals in deinen Schuhen deinen Weg gehen, doch das Gefühl, alleine zu sein, verbindet euch. Und nicht nur das, so sieh gen Himmel, wo Trilliarden Sterne im sichtbaren Universum ihre Runden drehen, keiner von ihnen steht still, sie bewegen sich um dich herum, wie du dich um sie bewegst, weil du ein Teil bist.

Ich werde geliebt und ich bin Liebe

Es gab einen Moment,
in dem ich mich richtig fühlte, mich geliebt und akzeptiert fühlte. Und tief im Inneren fühle ich mich noch immer so, weil es noch immer so ist. Dieser Moment war nur der erste, der Feuerfunke.

Ich erlebte den tiefsten Moment der Liebe. Die Fähigkeit, mich selbst zu lieben, der naheliegendste Weg zu lieben.

Ich hörte die gesamte Musik der Welt in diesem Gefühl der Liebe. Und schliesslich fühlte ich mich zu Hause.

Ich wusste nicht einmal, dass ich mich danach sehnte.
Es war eine ganz neue Erfahrung,
mich geliebt zu fühlen und gleichzeitig zu lieben.
Da war auf einmal das reinste Verständnis, jeden und alles zu lieben.

Liebe antwortet auf Liebe. Sie ist magnetisch. Und sie trägt, hält geborgen. Sie ist in dir, dir nicht fremd, dir unendlich vertraut. Du kennst sie, denn du kommst aus purer Liebe, die keine Grenzen kennt. Umso fordernder kann es sein, hier unten auf Planet Erde, scheinbar von ihr getrennt zu sein. Doch sie ist überall. Du musst sie nur sehen, deine Augen für sie öffnen. Du musst sie sehen wollen. Um dich herum und vor allem in dir. Sehe, du bist Liebe. Dann darf das Heimweh gehen, weil du zu Hause sein wirst. Suche nicht. Erinnere dich.

Vier Worte und ein Ton

Vier Worte und ein Ton in der Stille der Nacht.

Der weiche Klang eines Klaviers, wie eine Umarmung in tiefster Not.

Vier Worte, bedeutungsvoller als alles andere auf dieser Welt.

Dann der klare Schlag einer Uhr, der einen neuen Tag verkündet, stärker als der letzte, der ein Blinzeln zuvor für immer gegangen ist, sie geben sich die Hand.

Und die Sonne beginnt wieder aufzugehen. Wie jeden Tag in unserem Leben. Auch Licht muss sich von Zeit zu Zeit ausruhen, damit es heller scheinen kann als zuvor. Ganz missen müssen wir es deshalb nicht, sind wir doch von Licht gehalten, sind wir selber Licht.

Vier Worte und ein Ton,
befreit von hellen Strahlen der Liebe.

Vier Worte und ein Ton, neu geboren im Morgentau,
auf der Wiese der tausend Träume.

Du wirst unermesslich geliebt!

Magie ist …

In den Worten »es ist in Ordnung« und im auf Wiedersehen sagen.
Im Sonnenschein nach jedem Regen und im Schimmern deiner Augen.

Magie ist …

Im Lachen eines Kindes. In den Büchern, die du liest.
Und den Tränen, die du geweint hast, als du erkannt hast, dass die Dinge, die du am meisten liebst, nicht für immer sind, wohl doch aber ihre Energie.

Magie ist …

In jedem Atemzug, den du tust. Im Zurückfinden zu uns selbst. Und ganz am Anfang von wunderbaren Dingen.

Im Beginn eines neuen Tages und der letzten Minute des für heute allerletzten Sonnenstrahls.

Magie ist …

In dir, in mir und in jedem von uns. Oder vielleicht ist die Magie nicht in uns, vielleicht sind wir die Magie.
Und das ist ihr ganzer Zauber, dass wir alle eins sind.
Spirituelle Wesen auf dem Weg. Auf dem Weg nach Hause.

**Das Leben kann so anders sein.
Also lasse los,
alles frei
und Frieden in dein Herz hinein.**

Schläfrige Köpfe ...

Wir sind nur schläfrige Köpfe. An die besseren Zeiten denkend, die kommen werden.
An die Chancen, die wir bekommen werden, und an die Risiken, die wir damals nicht eingegangen sind,
weil es in diesem Moment einfach zu viele waren.

Wir sind diejenigen, die sich über die Wolken wundern, die sich über den Himmel bewegen und uns so einen kleinen Teil der Sonne sehen lassen.

Wir sind nur ein paar schläfrige, träumende Köpfe. Und unsere Gedanken tanzen umher ... zu unserem Lieblingslied.
Wir singen die reinsten Texte, die je geschrieben wurden, zur Melodie unserer Herzen.

Denn wir sind nur ein paar schläfrige Köpfe, die sich nicht sicher sind, wer sie für die Welt sind.
Lassen wir diese Sicherheit in unseren Herzen wachsen und erst dann in die Welt gehen lassen.
Wer bist du für dich? Nur das hat gerade Gewicht.
So wirst du sehen, aus schläfrig wird erwacht. Aus Hände nach Zukunft ausstreckend, im heute bewusst sein. Aus schmerzlichem Blick in die Vergangenheit, Gewahr-Sein.
Dann gibt es kein Hadern mehr. Nur noch Gewissheit.

Ein Bild in deinem Herzen

Kennst du diesen Moment, wenn alles einfach irgendwie gut ist? Im Gleichgewicht?
Trotz allem was »schief läuft«?
Mach ein Foto von diesem Moment und klebe es dir ins Herz. Als Erinnerung, dass du in dieser Ruhe sein kannst.
Immer.

Löwenzahn

Hallo, kleiner Löwenzahn,
was machst du hier so ganz allein?
Erzählst du mir was von dir und deiner Rumreiserei?
Ach, ich wünsche mir, auch so frei zu sein.

Und vielleicht sind wir wie Löwenzahn und stehen ständig
vor der Wahl, etwas anderes zu sein als frei,
sind immer auf der Suche nach einem Daheim.

Na ja, bald wirst du grösser werden, mit der Welt
mitwachsen und eine schöne Blume werden.
Von euch gibts ja viele, ich seh euch oft beim Spazieren.

Ihr seht ein bisschen aus wie eine kleine Sonne, die glüht,
bis euch die Puste ausgeht und ihr zu verwelkten
Schönheiten verblüht, euch der Wind davon weht, ihr
weiterzieht.

Und andernorts wieder von vorne beginnt,
wiederaufersteht, die Sonne aufs Neue aufgeht. Tschüss,
kleiner starker Löwenzahn. Machs gut, guten Flug!

Und vielleicht sind wir wie Löwenzahn und stehen ständig
vor der Wahl. Vor der Wahl, neu anzufangen.

Magie

Walpurgisnacht oben auf dem Berg.
Zaubersprüche und köchelnde Tränke
in uralten Kupferkesseln über prasselndem Feuer.
Züngelnde Flammen und Glut mit blauem Schimmer.

Magie, der Zauber, die Liebe oder auch einfach nur eine Prise Hoffnung. Wir alle brauchen ein klein wenig Magie in unseren Leben. Und manchmal ist schon das Leben selbst genug dieser Magie.

Denn es geht nicht um das was, sondern viel mehr um das Wie. Darum, wie wir etwas tun, mit Liebe und Magie, ganz viel Magie.

Die heutige Stimmung ist der Sturm

Vom Winde hierher geweht.
Ein einsames Blatt einer mir unbekannten Blume.
Es wird nicht das Letzte sein. Es ist eines von vielen.

Ein entfernter Donner erschüttert die Landschaft, ein Blitz erhellt die Nacht für den Bruchteil einer Sekunde.

Rot wie Feuer liegt es da, ein einsames Blatt einer mir unbekannten Blume. Es wird nicht das Letzte sein als eines von so vielen.

Ein kleines bisschen Farbe in der dunkelgrauen Stimmung des heutigen Sturms. Der langersehnte Regen wäscht die letzten Tage vom Asphalt.
Wie viele Geschichten auf diesem Fleckchen Erde in der Zeit seines Daseins schon geschrieben wurden?

Die kalte Dusche nach einem langen, heissen Sommertag. Der befreiende Atemzug nach der schwersten Entscheidung.

Es ist, als würde der Wind mir eine Geschichte erzählen. Über sich und die Welt, wie das alles so zusammenhält, vor welchem Wandel diese Welt nun steht. Wie viele Tränen wir alle sehen könnten, weil was sterben soll, nun sterben wird.

Vielleicht kommst du dir vor, wie dieses Blatt. Rot, in jeder Menge grau, alleine in einem nie zu endenden Sturm.

Nimm deinen Platz ein. Halte ihn. Halte deinen Raum, so wird dir inmitten des Sturms nicht kalt.
Denn er wird noch andauern.
Nimm deinen Platz ein. Halte ihn.
Und sei so beweglich, dass du voranschreiten kannst.
Genau das ist nun gefragt. Genau du bist nun gefragt.

Sonnige Zeiten werden kommen

Es fühlt sich an, als würde der Schatten des grossen Berges für immer das Licht im Tal vertreiben.

Auch Schatten ist endlich.
Er wird weiterziehen.
Genauso wie er wiederkehren wird.

Wir warten geduldig, bis die Sonne sich wieder zeigt und uns zu erfreuen vermag.
Bis sie uns von der erdrückenden Dunkelheit befreit, bis sie stark genug scheinen kann, so wie es in allen von uns schon leuchtet. So wie es in dir leuchtet, wenn du das tust, was du liebst, wenn du fühlst, wie eingewoben du bist.

Du kannst für jeden Menschen da draussen eine Sonne sein, ein hell strahlendes Licht.

Wir können auch lernen, das Licht des Mondes zu lieben wie jenes der Sonne. Denn es ist der Mond,
der uns in den dunklen Zeiten die Nacht erhellt.
Wenn die Welt stumm und zur Ruhe gekommen ist
und wir wach sind, versunken in Gedanken, vielleicht in Sorgen.

Es sind der Mond und Tausende Sterne,
die dann als einzige sichtbar am Himmel stehen und leuchten.

In jenen langen, endlosen Nächten sind sie diejenigen, die uns zusehen und zeigen, dass alles Dunkel nicht die Kraft einer noch so kleinen Kerze übertrumpfen kann.
Sie sind immer da. Waren es schon immer
und werden es auch immer sein. Sie sind nie Vergangenheit.

Lösungen werden auf der nächstmöglichen höheren Ebene gefunden. Frieden genau dort geschlossen.

Gewalt wird nicht durch Gewalt erlöst, sondern durch Liebe und Verständnis. Hass wird diese Welt nicht mehr weiterbringen. Was wir alle jetzt brauchen, ist Vertrauen und Liebe.

Weil Liebe genau dieses Licht sein kann und nichts mehr gebraucht wird als Licht, das den Schatten, all das Dunkel und die Zweifel
zum Gehen auffordert.

Um Lücken zu füllen,
müssen zuerst welche entstehen. Es muss etwas gehen, abnehmen, um Neues hineinzulassen in unsere Herzen, in unser Leben.

Hass hat keinen Bestand, wenn Liebe in so grossen Massen, in tiefster und damit höchster Form existiert. Und das braucht Zeit. Es wird viel Licht und Zeit brauchen, um die Ängste und den Hass vieler Menschen durch Liebe zu ersetzen. Warte nicht darauf. Sei du jenes Licht, auf das so viele warten. Hebe du die Liebe auf die nächstmögliche Ebene. Hebe du das Bewusstsein an, in dem du kleine Flammen entzündest, Kerzen des Mitgefühls.

Werden wir selbst zu den Lichtern, die wir sind und lassen uns von anderen Lichtern den Weg erhellen. Der Schatten im Tal wird weiterziehen, so wie jedes Dunkel ein Ende hat.

Es heisst nicht umsonst Licht ins Dunkle bringen. Je heller es um und in uns wird, desto klarer sehen wir, desto bewusster werden wir. Bewusstsein ist Licht. Und Licht ist Liebe.

Sonne, Mond und Sterne

»Ich hab Angst.«
Vor der Höhe, vor mir selbst, vor dem Leben und dem ganzen Drama eben.

Das ist kein Geheimnis.
Die Welt, wie sie gerade noch ist, sagt dir oft, dass du das nicht kannst. Dass du zu viel bist oder nicht ganz.
Deswegen sag ich: Du brauchst keine 100 %.
Es reicht schon ein ganzes „Du"
in der Menge von „Perfekt" zu sein.

»Ich hab Angst.«
Vor der Höhe, vor mir selbst, vor dem Leben und dem ganzen Drama eben.

Manchmal möchte ich die Tür zuknallen und das Leben aussperren. Eine Utopie vom Feinsten, das weiss ich jetzt. Wir wissen alle, das geht so nicht.
Die Welt und das Leben sie lassen dich nicht so schnell aufgeben. Denn das Leben will uns so sehr wie wir es wollen, und selbst wenn wir meinen, uns nicht sicher zu sein, es zu wollen, so will es uns stets in sich haben. Denn es ist Teil des Ganzen, dessen wir ein Teil sind.

Und so frage ich leise mit Tränen in den Augen »Versprichst du immer hier zu sein, wenn ich dich brauche?«. Ich erwarte keine Antwort. Doch die Sonne und der Mond sie nicken gerade synchron und die vielen Sterne sie zwinkern mir zu. So weiss ich, sie sind für mich da. Vielleicht auch nicht immer sichtbar. Aber ich weiss, sie geben auf mich acht, sowohl am Tag als auch bei Nacht.

Wir plaudern stundenlang.
Ich und die Nacht,
ich und der Tag,
ich und die Sterne als meine Bodyguards.
Ich einmal ohne die grosse Frage, »und was dann?«.
Denn sie beschäftigt mich schon so lang.

»Ich hab keine Angst mehr.«
Vor der Höhe, vor mir selbst, vor dem Leben und dem ganzen Drama eben.

Denn das gehört alles dazu.
Ich bin nicht alleine, sondern in Begleitung von Millionen von Mitliebenden, meinesgleichen.
Einigen Sternen, einem Mond und einer Sonne.
Eines ganzen Universums, wenn man denn so wolle.

Hast du Angst, so sieh in den Himmel hinauf. Dort folgt alles seinem Lauf. Es sind uralte Zyklen, Gesetze des Seins, die alles zusammenhalten. Da fällst du nicht so einfach raus, selbst wenn du dich fühlst, als würdest du frei fallen. Wie ging das nochmals, lasse dich fallen und lande in Gottes Hand? Da ist echt was dran!
Lass dich fallen und lande an deinem Platz. Da draussen, in dir drin, denn du gehörst zum grossen Ganzen, du bist ein Teil davon. Und die Sonne, der Mond, die Sterne, sie weisen den Weg.

(Ur)Vertrauen

Und ich weiss, diese Last ist so schwer, dass du untergehen solltest. Aber das tust du nicht.
Du treibst in einem kleinen Boot auf einem stillen See. Dieses Boot hat einen Namen, manche nennen es Hoffnung, andere Glaube, Vertrauen kann sein Name sein. Wie heisst deines?

Wunderwelt

Denn worum meine Welt sich dreht, das steht mir frei, das kann ich selber wählen.

Also dreht sich meine kleine, schöne Welt in diesem kurzen, kleinen Moment ausserhalb der grossen Rechnung
dieser Welt um dieses kleine, wunderbar verwundbare Gänseblümchen.

Daisy tanzt in der leichten Brise
und singt Lieder von Glück und vom Ort, den sie als zu Hause kennt. Von den Blumen, die sie ihresgleichen nennt.
Und auf ihrem Gesicht, da glitzert Sonnenlicht.

Meine kleine Wunderwelt,
sie dreht sich immer weiter und meine Gedanken, sie wandern, handeln von der Strömung
und der Brandung, von Wolken und von unendlich vielen Chancen.

Denn worum meine Welt sich dreht, das steht mir frei, das kann ich selber wählen.

Also dreht sich meine kleine Wunderwelt in diesem kleinen, kostbaren Moment um Daisy, das Gänseblümchen, die ich jetzt als meine Freundin kenne.

Doch plötzlich wach ich auf und denk an Probleme.
An Ungereimtheiten und an eine Heidenangst, die ich hab.
Vor der Welt da draussen.

Vor meiner kleinen Wunderwelt hier bei mir, die vielleicht
das Potenzial hat, kaputt zu gehen.

Ich sehe Daisy an und bin traurig, dass sie gehen muss.
Vielleicht noch nicht jetzt in dem Moment,
aber an einem anderen Tag ganz bestimmt.

Das kleine Gänseblümchen tanzt weiter seinen Tanz.
Sie erzählt mir Geschichten vom Vergeben
und Verzichten, vom Nehmen und vom Geben, vom
Vertrauen und vom Vergehen, wenn die Zeit dazu
gekommen ist, und uns auffordert zu gehen. Ob ganz oder
einen Schritt weg von etwas, das uns lieb und teuer ist.

Dann fängt meine kleine Wunderwelt sich wieder an zu
drehen, was ich sehe, ist das pure Leben.
Und auf meinem Gesicht, da glitzert jetzt auch Sonnenlicht.

Daisy hat keine Angst vor dem Vergehen, denn sie weiss,
sie wird wiederkehren.
Und ich beginne zu verstehen,
wie und um was die Welt sich dreht, meine kleine
Wunderwelt, denn sie ist das Einzige, was jetzt gerade zählt.

Mach, was immer du für richtig hältst.
Mach, was immer du für wichtig hältst, denn darum,
ja, darum dreht sich die Welt. Deine kleine Wunderwelt.

An die vergangenen Tage

Wenn alle Trophäen errungen, alle Gläser erhoben, alle Länder bereist und alle Geschenke ausgepackt sind, merkst du vielleicht, dass dir etwas fehlt.

Beständigkeit, ehrlich gefühlte Liebe, Erinnerungen an gelebte Momente, nicht nur die Glücklichen,
auch wenn es von denen viele gab. Erinnerungen, in denen du einfach warst, ohne etwas anderes zu wollen.
Erinnerungen an Momente, in denen du fühltest, wofür du hierher kamst. Momente, die du mit allem, was sie waren, geliebt hast, ohne an den nächsten zu denken.

Erinnerungen. Die Traurigen wie die Schwachen.
Die Starken, wie auch die Verblassten.
Erinnerungen an die Tage, die vergangen sind.
An die Feste, die gefeiert wurden
und an die Menschen, die gegangen sind.

An die letzten Winter denkend,
dich an die vorherigen Sommer erinnernd, bemerkst du, wie wenig du von deinem Leben glücklich erlebt hast.
Wie oft du dich bedauert und beklagt hast.
Wie oft du glückliche Momente hast vorbeiziehen lassen, unwissend, dass die Erinnerung an diesen Moment verblassen wird. Wie oft du Zeit verschwendet hast an dir zweifelnd, wie oft du den Sonnenaufgang vor lauter Untergängen nicht sehen konntest. Wie oft du vergessen hast, auf dich acht zugeben.

Die Blätter fallen schneller, das hast du bemerkt
und ebenfalls bemerkt hast du, dass so sehr Teile von dir es
sich wünschen, die alte Zeit nicht zurückkehren wird.

Beginne die Sonnenuntergänge in deinem Leben genau so
sehr zu lieben wie die Aufgänge.
Zwischen ihnen hast du eine Chance,
jeden Tag aufs Neue eine Wahl.

Schaue die Blätter an, die zu Boden fallen
und erfreue dich am wunderbar Vergänglichen.
Lache herzlich, liebe ehrlich, sei wahrhaftig.

Begrüsse mit offenen Armen dieses Leben, wie es ist.
Wunderbar, zerbrechlich, zauberhaft und vergänglich.
Verabschiede dich von Menschen, die schon seit langer Zeit
gehen wollten. Vielleicht von Teilen deiner Selbst. Danke
ihnen, dass sie dich begleitet haben, und finde Neue, die ein
Teil deines Lebens sein möchten.

Der Herbst vergeht und die Tage werden kürzer, nur damit
sie in einigen Monaten wieder länger werden können.
Blätter fallen und wachsen jeden Frühling neu. Wunden
heilen und Erinnerungen werden jeden Tag geschaffen.

Lasst uns die Feste lieber feiern als uns an sie zu erinnern.
Lasst uns in Laubhaufen springen, anstatt Kindern dabei
zuzusehen. Lasst uns die Gläser erheben auf das Leben,
auf seine Wellen und sein Bestehen. Denn Leben hält an, es
bleibt, wenn auch nie in ein und derselben Form. Das ist
Wandlung. Bewegung. Und Leben ist Bewegung.

Nur für den Moment

Es ist aussichtslos, findest du nicht?
So ganz ohne Sicht, ohne Leben, ohne Licht. Nur der Nebel, du und ich. Eine Erinnerung, nicht greif- doch so fühlbar. Als wär'n wir alle nur ein kleines Funkeln am grossen Himmelszelt. Als wär's für ewig und nicht nur für den Moment.

Kennst du sie auch, die Sehnsucht? Nach etwas ganz und gar Unbekanntem, der fehlenden Variable X in der grossen Rechnung des Lebens. Nur für einen Moment ist sie da. Macht alles leise.

Hör zu, was sie flüstert. Erinnere dich. Gib der Stille deine Hand, begib dich in diesen Raum. Den Raum vom Nichts. Spüre, wie ganz du bist. Wie eingebunden. Dann geht die Sehnsucht, macht Sein Platz, dem Wissen, was du bist. Dann wird aus Sehnsucht Bestimmung, und aus Nebel wird Licht.

Ziehende Wolken

Wolken wie Tintenflecke,
am weiten Himmel ziehen sie ihre Bahnen.

Verschwimmend, sich windend und schliesslich
verschwindend.

Alles nur von kurzer Dauer. Nichts für immer. Ganz und
gar vergänglich.

Die Formen, die sie einnehmen so erscheinen sie uns,
von oben bis unten verschieden.

Und kaum denken wir,
die Form erkannt zu haben, verändert sie sich.
Lässt uns sprach - und haltlos zurück, lässt uns nur die
verblassten Erinnerungen an die kurze Dauer ihres Daseins.
Machs gut, liebe Wolke!

Sommerdämmerungstraum

Im Radio das Lieblingslied des Sommers höchstpersönlich,
ein Lächeln auf den Lippen und ein Lachen im Gesicht.
Der Abend des schönsten Tages, des endlosen Sommers
des Jahres, das dir gehören sollte.
Am Ende der Strasse sind schon die ersten blassen Sterne
sichtbar, die den Tag langsam in den Schlaf wiegen sollen.

Die leichte Brise, die dir ins Gesicht weht, begleitet die
singenden Vögel in ihr sicheres Nest und auch dich da hin,
wo du hingehörst.

Dass die Wolken jetzt so rosa sind,
ist der Grund, warum dir der Himmel gerade so fern und
doch so nah erscheint.
Wie Tänzer bewegen sie sich am Himmelszelt, obwohl
eigentlich du es bist, der sich bewegt. Nicht die tanzenden
Wolken am glühenden Firmament.

Und ehe du dich versiehst, ist er weg, dieser
Lieblingsmoment. Für immer vergangen in den Augen der
Zeit. Nicht ganz verloren, weil unvergessen für dich und
lebendig für immer in jenem Gedanken, der dir gerade jetzt
durch den Kopf gehen wird.

Im Radio das Lieblingslied des Sommers höchstpersönlich,
ein Lächeln auf den Lippen und ein Lachen im Gesicht.
Nun die letzten Takte des Songs unserer Herzen.
Die letzten Momente des Sommerdämmerungstraums.
Die letzten Strahlen der starken Sommersonne, für immer
gezeichnet im Bild unseres Lieblingsmomentes.

Langsam wird dir klar, das Leben, das wir leben, es hat so viel zu geben und nichts ist für ewig.
Nicht der Moment, nicht dieses Leben und auch nicht ein Fragment eines Löwenkämpferherzens.

Doch in deiner Erinnerung hörst du nun das Lieblingslied des Sommers höchstpersönlich und vielleicht auch das deine. Mit einem Lächeln auf den Lippen und dem Lachen im Gesicht, welches nur jemand haben kann, der diesen Sommer nie vergisst.

Jemand, der weiss, nichts ist für ewig. Nicht der Moment, nicht dieses Leben und auch nicht ein Fragment des eigenen Löwenkämpferherzens.

Vergänglichkeit ...

Das Morgen wird zu gestern, Frühling wird zu Herbst.
Fallende Blätter werden durch kristalle Schneeflocken
ersetzt und das einst kindliche Lachen bekommt einen
nachhallenden Ton.
Genau diese Vergänglichkeit bedeutet sie nicht, das
Möglichste zu leben und noch viel mehr?
Sei 100 % du! Einfacher wird es vielleicht nicht, aber es
lohnt sich, denn genau das sollst du ja sein. Deine Wahrheit
wird sich nicht falsch anfühlen.

Du wirst sie immer noch hören, die Stimmen anderer
Menschen, aber sie werden dich nicht mehr verändern.
Sie werden nicht mehr an dir und deiner Wahrheit reissen.
Sie werden da sein, ja das werden sie. Aber sie werden so
leise sein, weil du selbst deine innere Stimme, so laut sein
wird.

Du hast nur begrenzt Zeit in dieser Inkarnation, und du
weisst nie, wann das letzte Sandkorn den Boden
der grossen Sanduhr erreichen wird.
Fürchte dich nicht, die Wellen des Vertrauens und der Liebe
übersteigen die der Angst und des Vergessens.
Denn Vergänglichkeit hat nichts mit Vergessen zu tun.
Genauso wie Vergessen niemals
dieselbe Bedeutung wie Vergebung haben wird.

Die Zweifel, die dem Vertrauen gegenüberstehen, weil um
Vertrauen zu haben, alles losgelassen werden muss, was
dieses Vertrauen behindern würde, alles, was nein sagen
würde, wenn das Vertrauen sich für ja entscheidet,

ja auch sie kann es geben. Aber deswegen das Leben eines anderen leben und nicht das eigene, nicht das, wofür du dich geboren hast?

Die Sehnsucht, endlich anzukommen,
ein Zuhause zu finden, sie ist so gross. Ich möchte dir nur eine Frage stellen. Was wenns nicht ums Finden geht, sondern ums Erinnern?

Alles ist vergänglich, nichts in seiner Form von ewiger Dauer. Alles endlich und auf seine Weise unendlich kostbar.

Das Morgen wird zu gestern, Frühling wird zu Herbst. Fallende Blätter werden durch kristalline Schneeflocken ersetzt und das einst kindliche Lachen bekommt einen nachhallenden Ton.

Die ganze Welt befindet sich ständig im Zustand des Erlebens, des Vergehens.

Also geh da raus und geniesse jetzt das Möglichste.
Die Welt, sie dreht sich weiter und du bist ein wundervoller Teil von ihr. Nimm ihn ein diesen Platz. Er steht dir zu, ja er erwartet dich. Keine Eile, du wirst zu ihm gelangen, vielleicht ist er näher, als du denkst. Wisse sicher: Die Seele, sie kennt den Plan.

Los Welt!

Sonnenlicht nur von Blättern umringt. Hier für den Moment nur die Wolken am Firmament. Hier für den Moment nur das Rascheln der Blätter im Wind. Die ganze Welt still, nur die Wolken am Himmelszelt.

Da wo die Sonne scheint und die Tage niemals gehen. Da wo Träume wahr werden und Angst nur in Märchen erzählt wird.

Und wir würden uns am liebsten für immer daran erinnern, als die Tage noch lang, die Nächte noch still und die Sommer noch unendlicher erschienen.

Die Welt, sie dreht sich schneller.
Sie ist lauter, unberechenbarer und so mussten auch wir, die Menschen uns ihr anpassen.
Oder war es andersrum?

Das Anpassen ist nun vorbei, du hörst es nicht wahr? Sein Flüstern in den Winden. Sie haben gedreht. Dreh mit ihnen, lass dich auf diesen wunderbaren Tanz ein.

Das Pendel der Zeit

Denn eines Tages wird die Zeit knapp.
Und am Boden der Sanduhr, da bildet sich förmlich ein See.
So viele Wörter gesagt, Tage gelebt, Feste gefeiert und
Lieder gehört. So viele Tränen geweint auch wenns um
andere ging.

Und am Boden der Sanduhr,
da bildet sich förmlich ein See.
Es war immer etwas zwischen carpe diem und morgen ist
auch noch ein Tag. Nix wie los und Chance vertan.
Zwischen ja oder nein und manchmal auch vielleicht.
Zwischen freigeben und festhalten.

Und ich frag mich dann, hätt ich die Chance, es anders zu
machen, was wäre dann?

Alle Ampeln stehen auf Grün, warum fährst du nicht
einfach los? Na die Zweifel, sie sind zu gross.

Jetzt … ist es schon wieder zu spät!

Und ich frag mich jetzt,
hätt ich die Chance, es anders zu machen, würd ich mein
Leben anders leben wollen?
Wäre ich jetzt an einem anderen Ort, wo die Sonne immer
scheint, wo die Tage niemals enden?
Da, wo die Hoffnung wohnt und mir neues Leben schenkt.

Die Antwort ist vielleicht, vielleicht auch nicht. Wer weiss
das schon? Ich zumindest weiss es nicht.

Sicher ist bloss:
Ich find's nicht nur richtig, sondern einfach ganz grandios, wie das Leben so spielt, wo ich jetzt gerade bin, da wo die Sonne öfters scheint und die Tage auch mal gehen. Da, wo die Hoffnung oft zu Besuch kommt und mir neues Leben schenkt. Denn diesen Ort, den gibt es wirklich. Er wandert mit uns überall hin.

Sicher ist auch:
Das Pendel der Zeit es schlägt weiter und weiter hin und her. Also nicht zu lange Zeit lassen - geh da raus und warte nicht bis Freitag.

Etwas bleibt für immer

Man sagt doch auch, du musst zuerst etwas verlieren, um zu sehen, was dir daran liegt oder ob du das denn wirklich liebst. Wie soll das funktionieren? Es gibt ein paar Dinge, die bekommst du nicht zurück, auch wenn du sie vermisst.

Dazu gehören nicht nur Menschen,
sondern auch ein paar einzelne Lieblingsmomente. Deine Kindheitshelden und so vieles mehr.

Aber ich schätze, es gibt da etwas, das verlierst du nicht so leicht.

Ich spreche von deiner Lieblingsfarbe, deinem Lieblingseis, deinem Lieblingskeks-Rezept. Deiner Lieblingsband, auch wenn die sich mal trennt.

Und etwas anderes, das immer bleibt,
es sind die Sterne, die Nacht, der Mond, der Tag.
Die vier Elemente,
der Wind, der dir zuflüstert.
Die Stille des Wassers, die dich umhüllt.
Das lodernde Feuer in dir
und die Erde unter deinen Füssen.

Es gibt da einen Platz, der gehört immer dir! Und ein paar Erinnerungen, die nie vergehen.
Feststeht, es gibt da etwas und dieses Etwas bleibt für immer.

Spiegelwesen

Hallo, liebes Spiegelwesen.

Eine erste Träne findet ihren Weg die Wange hinunter.

Ist das Grau zwischen schwarz und weiss nur ein Wunsch?
Muss ich mich immer entscheiden?
Süss oder salzig, eckig oder rund. Jung oder alt,
im einen Auge schön, im anderen gleich ungesund?
Gewinn oder Verlust, ganz oder eben gar nicht?
Ja und nein, darf es denn kein „vielleicht" sein?

Die zweite Träne rollt das müde Gesicht hinunter.

Bitte antworte mir, warum dürfen Wolken rosa sein und die
Bäume grün, wie sie sich so enthusiastisch nicht einmal
bemühen, uns zu zeigen, wie fantastisch sie blühen?
Die Sonne golden, Millionen Mal gezeichnet, und oft ohne
es zu bewundern, es ist immer noch die Gleiche.

Warum dürfen Menschen nicht auch bunter sein?
Sind wir nicht eine wunderbare Mischung
aus allen Farben, den unzähligsten Facetten von bunt?

Die Tränen bilden ein Rinnsal
über das langsam golden werdende Gesicht.

Lass uns mal Farbe bekennen,
das Problem beim Namen nennen.

Eine letzte goldene Träne fällt mir in Zeitlupe auf die Hand und so stehe ich plötzlich in einem Wald, in dem alles nicht nur bunt, sondern auch lebendig ist.

Dem Herzschlag allem folgend, gehe ich, gebannt, von Stille ergriffen, auf einen Strauch mit Blüten zu.
Solche Farben wie die habe ich noch nie gesehen.

O liebes Spiegelbild, ich trenne dich nicht länger von mir, es wird besser werden, irgendwie.

So bin ich nun zurück in einem Raum, nun so voller Glück.
Froh darüber, dass ich etwas hab, das sich Zuhause nennt.
Und ich stecke mir schweigend eine rote Blume ins Haar.

Mein Spiegelbild, es lächelt mich an.
Und ich weiss, ich bin genau richtig in jedem Moment.
Mit einem wissenden Lächeln wende ich mich von dem grossen Spiegel ab. Und gehe hinaus in die Welt, die, das weiss ich, vor einem grossen Wandel steht.

Bring genug Farbe in dein Leben, sie ist die Heilung auf verschiedensten Wegen.

Prototyp

Ein Prototyp, eine Vorlage und vielleicht auch der Grund, weniger Angst vor Fehlern zu haben, wenn es ihn denn gäbe.

Ein Prototyp vom eigenen Herzen,
damit das echte nicht mehr zu schmerzen braucht.
Der Prototyp des Behalte-für-immer Einmachglases,
damit Momente nie vergehen, für immer bleiben, nie fort sein werden.

Vielleicht bin auch ich nur ein Prototyp, fehlerhaft und unperfekt, aber ists nicht das Ziel dieses Lebens zu lernen und daran zu wachsen?
Auch wenn wir vielleicht nie fertig sein werden und immer ein Teil von uns ein Prototyp, eine Idee sein wird?

Ist das Leben nicht auch voller Prototypen und Ideen?
Voller Neuentdeckungen und dem Zauber, der jedem Anfang innewohnt?

Und so wünsch ich mir ganz insgeheim einen Prototyp meiner eigenen Flügel herbei, zum abheben, zum davon schweben.

Ich fliege nun so frei,
wie nur ein Vogel sich fühlen kann.
Über die Hausdächer, die Wiesen und Bäume hinweg.
Neben den Schäfchenwolken vorbei, hallo grüss dich kleine Wolke. Wie lebt es sich da oben?
Und dann wird mir plötzlich klar, welch ein Prototyp meine

Flügel doch sind. Wie fehlerhaft und unperfekt, wie sehr ich sie, vielleicht genau deswegen, liebe, weil sie unverwechselbar mein sind. Wie wunderbar. Ein bisschen wie ich selbst.

Fremder

Es fühlt sich so komisch an,
als gehörtest du nicht an diesen Ort.
Du fühlst dich wie ein Tourist, ein Fremder an einem dir
bekannten Ort.
Es ist dein Herz, das dir so fremd ist. Irgendwie so gänzlich
unbekannt, verklärt. Bitte es nicht, sich dir anzupassen,
nähere du dich ihm an. Es streckt seine Arme nach dir aus,
ergreife sie. Wir haben uns von uns selbst entfremdet.
Doch das schönste, was ich dir vielleicht je sagen werde,
egal wie lange du dir fremd warst, die Tür zu deiner Seele,
sie steht dir immer offen.

So stehst du da am Fenster und fragst dich, wird es jemals
wieder besser? Nie ganz angekommen, nie ganz erfüllt,
immer suchend, halb findend. Wandernd, flüchtend,
schwimmend, untergehend, treibend, nach Halt suchend,
den Rettungsring greifend.

Dich nun endlich in Sicherheit fühlend, wiegend zum
schönsten Einschlaflied, das die Welt und du je gehört.
Es ist der Schlag eines Herzens, vielleicht sogar dein
eigenes. Ist es dir immer noch fremd, so völlig
unbegreiflich?

Oder beschleicht dich jetzt in dem Moment das Gefühl
von: »Ich bin etwas in diesem grossen Nichts, in dem doch
alles enthalten ist. Ja, ich bin Teil dieses alles, und das weiss
ich?«

Menschenseelen (nicht) allein

Menschenleer, menschenlos ziehen wir durch die Strassen.
Die Strassen, die uns instinktiv einsam fühlen lassen.
Wir erinnern uns kollektiv ans vergangene gestern, an
Menschen so wie du und ich, an Brüder und an Schwestern.

Wir trauern alle insgeheim,
wir wissen manchmal nur nicht, was es war, was uns verletzt
hat. Vielleicht das, was wir gestern waren,
sein wollen und doch heute nicht mehr sind.
Trauern wir auch manchmal dem nach, dem was nicht
umsonst passiert.

Menschenleer, menschenlos stehen wir an der Ampel.
 Ampeln, die uns insgeheim Stille fühlen lassen.
Wir stehen an der Ampel und die Schalter stehen auf Grün.
Doch keiner geht einen Schritt voran, wir alle stehen still.

Wie in Trance stehen wir alle ruhig und stellen uns aufrecht
hin. Wir begegnen alle unseren Dämonen, jeder seinen
eigenen und doch sind wir nicht einsam, denn zusammen
an der Ampel stehen, bedeutet immer auch Gemeinschaft.

Menschenfremd sehen wir die anderen Menschen an, sie
erscheinen uns so unnahbar, fast wie hinter Glas.
Doch wenn wir an der Ampel stehen, wirkt das alles nur
verblasst.

Die grossen Ampeln wie Wegweiser stehen sie an den
Strassen. An den Enden, an den Ecken, an den dunklen
Seitengassen.

Menschennah, menschenreich gehen wir durchs Leben. Menschenruhe, Menschenstille, Empfindungen, die wir erleben.

Das alles, das alles heisst es, Mensch zu sein. Untrennbar mit anderen Menschen verbunden, wenn scheinbar auch nur beim Warten auf grünere Zeiten. Zeiten, in denen wir verstehen werden, dass nichts, nicht ein einziges Etwas umsonst passiert ist.

Denn wir sind alle Seelen und dabei nicht allein. Wir sind alle Seelen und dabei alle vereint.

Schlafwandler

Wie Schlafwandler wandeln wir durchs Leben. Schlafen wir doch nie ganz wirklich, aber generell doch immer, weil immer im halben Modus von vollkommen.

Auf der Suche nach etwas,
das auch ohne Namen mächtiger wirkt als alles andere.

Wie Schlafwandler im Atem der Zeit
und im Modus des Vergessens am Davonlaufen.

Und das Sein ein Verleben, ein Beben, ein Summen, ein Verstummen. Ein Leben und ein Sterben.

Hoffen wir doch mal aufzuwachen, aber was wäre, wenn?

Deshalb wünschen wir uns lieber noch ein bisschen mehr von diesen Liedern, die von Hoffnung und Vertrauen singen, die vom Freisein doch auch leben.

Aber leben willst du's nicht die Meinung andrer wichtig ist.
Aber leben willst du's nicht, Angst zu haben, steht dir nicht.
Deshalb lieber weiter schlafwandeln.

Immer bevor und dann danach. Aber nie jetzt oder gerade dabei, weil die Gewissheit zu vergehen
und etwas womöglich zum ersten und letzten Mal
zu sehen, doch zu viel ist und nur schlafen einfacher wär als Leben im jetzt und hier.

Wisse, Angst gibt's wach nicht mehr. Wisse, du bist ganz.

Fallen

Fallen lassen ist von Zeit zu Zeit die einzige Option.
Ohne Rettungsseil und ohne Anker.
Ohne Garantie nicht hart aufzuschlagen. Aber mit dem
stillen Wissen, Flügel zu haben.

Flügel, die dich tragen werden,
die dir helfen werden, nach oben zu fliegen.
Wenn die Zeit dazu reif ist.
Denn alles hat seine Zeit.

Du kannst nicht

Du kannst dich nicht darauf verlassen,
dass immer jemand da ist, der dich retten kann!
Eines Tages wird vielleicht niemand da sein, um dich zu retten!

Ich weiss, du hast Angst,
vor diesem Moment und davor alleine zu sein, aber du kannst dich nicht darauf verlassen, dass jemand dich rettet.

Menschen sind fehlerhaft und ihre Fehler sind Teil dessen, was sie zu Einzelnen, zu einzigartigen, liebenden Lebewesen macht. Ihre Fehler sind oft nur Ausdruck dafür, dass sie sich nichts sehnlicher wünschen, als geliebt zu werden.

Aber sie machen Fehler, so wie du Fehler machst, dann sind sie vielleicht nicht da oder nicht in der Verfassung, wie du sie brauchst.

Sehe, dass du deinen Raum selbst halten kannst. Verbündete sind wichtig, wir sind soziale Wesen. Nun stell dir die Kraft eines Kollektives vor, wenn jedes Individuum sich selbst halten kann. Welche Kraft diesen Raum der Vielen oder der Wenigen erfüllt, wenn Individuen sich und damit ihren Teil dieses grossen Raumes einer einen Vision halten und gestalten können, gemeinsam und doch für sich.

Und das, mein liebes Seelenlicht, das kannst du.

Schlaf

Also schlafe, lasse dich fallen.
Schlafe Kind in all den Farben.
Im sonnigen Gelb, im strahlendem Grün, träume von
feurigem Rot und vom Blau, das dich umhüllt.
Das dich schwerelos werden lässt, dich behütet.
Wie das Meer, ein Meer aus vielen.
Das Wasser verlässt seine Kinder nie
und das Leben ist nicht so dunkel, wie es scheint.

In der Stille des Winters

Im Wald ist es ruhig, alles ist schlafend,
nicht nur für eine Nacht oder nur einen Traum.
Es wird Winterschlaf genannt.

Hin und wieder ein dumpfes Knacken in der Stille, ein Ast,
der unter der Schneedecke bricht.
Nur die Stille des Winters, wissend, dass der Frühling
kommen wird.

Schliesslich klettert ein kleiner Vogel auf einen alten,
starren Baum. Vor alledem, was nur du allein sehen kannst.
Zwitschert einen kurzen Augenblick und fliegt dann davon
ins helle Sonnenlicht.

Dann ist es wieder still, als hätte der kleine Vogel nie seinen
zauberhaften Klang geklungen.
Und du gehst weiter, tanzt und singst deinen Weg im hellen
Sonnenlicht, wissend, dass der Frühling bald das Licht des
Tages erblickt.

Abflug

Und da ist er, der letzte Aufruf für den Flug, den ich so dringend erwischen wollte.

Zu den sonnigen Stränden, den meterhohen Wellen. Zu den Wänden, die geklettert, den Wäldern, die entdeckt und den Träumen die für echt gehalten werden wollen.

Zu den Luftschlössern oder zum Mond,
zu den Ländern, in denen Magie die Landessprache ist und Hoffnung das tägliche Brot.

Aber wie so oft lieg ich nachts wach und verpasse den Flug, auf den ich stundenlang gehofft habe.

Dann bleibe ich in der Abflughalle, sehe mich um, begrüsse Mitreisende, ob Kurz- oder Langstrecke. Dann halte ich es in dieser Halle nicht nur aus, sondern mich aufrecht. Mein Flug wird kommen. Bis dahin sehe ich anderen bei ihrem Boarding zu und Flieger in rosa Wolken abheben.

Gruss

Und wenn wir uns verabschieden,
löst sich dann ein Teil von uns?
Hebt dieser Teil die Hand zum Gruss und winkt,
während er zur Tür raus geht?

Schlaflied

Jeder Tag mündet irgendwann in die Nacht. Egal wie schön er auch war, die Sterne und der Mond sind das Schlaflied eines jeden Tages. Und sie halten jeden, ohne Unterschiede zu machen.

Auf Wiedersehen

den Menschen gewidmet, die für eine Zeit mit mir waren

Du bist so gegangen, wie du damals auch gekommen bist, nämlich unverhofft und leise.
Wie sagt man auch?
Unverhofft kommt oft und geht dann auch wieder?
Diese Zeile ist noch ungeschrieben.

Und ich höre immer noch deine Stimme und sie benebelt meine Sinne. Immer noch, auch wenn du schon längst gegangen bist. Und nichts dafür spricht, dass das ein Irrtum ist.

Und ich spüre deine Tränen,
auch wenn ich sie nicht mehr sehe.
Du hast mir nicht mehr geschrieben, mich nahezu gemieden. Und das ist irgendwie okay, weil du mich nicht mehr brauchtest. Eigentlich hätt ich's merken sollen, war's doch schon mal so. Und irgendwie weiss ich, ist das alles genau richtig so.

Heute bin ich dankbar, dich gekannt zu haben,
oder zumindest eine Seite von dir, die von damals.
Dankbar, dass ich dich hatte, und du auch mich damals, als du und ich Teile unseres gemeinsamen wir's waren.
 Damals, als du mich - Beim Rückblicken hab ich's kapiert - damals, als du mich gebraucht hast oder ich dich.

Und ich sage dir auf Wiedersehen, auch wenn wir uns nie wieder sehen.
Man soll doch aufhören, wenns am schönsten ist, ich sollte mich glücklich schätzen, diesen Punkt hab ich schon ein paar Mal erlebt.

Ich hab gemerkt, wir können auch alleine fliegen und vielleicht war es das, was wir aneinander liebten, dass wir lernten, dass wir unsere eigenen Flügel sind, die nur warten auf den richtigen Moment.

Ich hoffe und wünsche mir, dass auch du deine Flügel entdeckt hast oder sie noch finden wirst und vielleicht treffen wir uns eines Tages da oben, während wir fliegen wie die Profis.

Beziehungen sie erfüllen sich. Was einmal Nahrung war, lässt einen hungrig zurück. Dann soll man weiterziehen, neue Zyklen beginnen. Auf Wiedersehen und nur das Beste, viel Liebe und vor allem ganz viel Sonnenlicht!

Deine vergangene Freundin.

Im Zeichen des Wiedervereinens

Der neue Tag ist da, die Sonne scheint, lässt Licht, Liebe und Frieden hinein.

Tautropfen, die sich am dünnen Spinnennetz im Sonnenlicht rekeln, alles schön und gut, ausgeglichen und im Zeichen des Wiederkehrens.
Die Welt in all den tollen Farben sehen und es gar nicht recht begreifen, weil das ja alles so fantastisch ist.

So wär ich jetzt gern eine dieser tollen kühnen Farben oder ein Windspiel im leichten Föhn, vom Wind sich tragen lassen. So gern wär ich ein Kartenhaus, aber bitte in der fertigen Phase, dass das nicht geht, das weiss ich nun. Denn bin ich doch höchstens im Aufbau.

Was wir hoffen, dass es für immer hält,
es bleibt dann doch nur für zu kurze Zeit.
Nur ein Fussabdruck im Schnee als einziges Zeugnis der Zeit, nur ein U-Bahnticket, das in dreissig Minuten verfällt.
Nur ein Blick auf die Uhr,
nur ein Schritt durch den Sand, nur ein Augenblick gewesen, wie der Druck einer Hand.
Nur ein Blätterregen im herbstlichen Wald,
nur ein Sommerplatzgewitter in seiner üblichen Gestalt.

Alles nur einzeln und doch auch ganz gefunden im Moment, sicher an seinem Platz. Aber vor allem eines und da sind wir uns einig: Alles ist im Zeichen des Wiedervereinens.

Freundschaft ad acta

Und ich wünschte, ich könnte es anders sehen,
und die Sterne würden anders für uns stehen.
Aber das tun sie nicht und das ist mehr als okay.

Und schau uns doch mal an, wir passen nicht so recht
zusammen. Gehofft haben wir so lang, aber jetzt können
wir verstehen, es nur zu versuchen, kann auf längere Zeit
nicht hinhauen.

Wir werden neue Menschen finden,
bei denen ein Versuchen nicht nötig sein wird.
Menschen mit den gleichen Wünschen und Träumen.
Menschen so wie du oder ich, aber eben nicht du und ich.
Weil du und ich diese grandiose Mission nun erfüllt ist.

Also legen wir unsere Freundschaft zu den Akten.
Stempel drauf und Akte zu, zwischen weiteren Versuchen,
die gemacht wurden oder noch gemacht werden.
Das lässt sich nicht leugnen und auch nicht verwehren.
Das passiert nun mal, das ist so okay.

Nun für den Rest unseres Lebens sicher verwahrt.
Die Akte über unser gemeinsames Abenteuer.
Im Aktenzimmer verstaut, das langsam verstaubt.

Mut als Lebensart

Und vielleicht bin ich verrückt, weil ich an die Liebe glaube.
Oder nur weil ich Versprechen generell doch traue.

Und ich wünsche mir, die Welt wär eine andre.
Wie genau, das weiss ich nicht, das liegt im Auge des
Betrachters. Nur liebender müsste sie sein, so ganz
allgemein.

Und ich, ich wünschte, ich könnte fliegen oder Berge
versetzen. Obwohl ich das vielleicht gar nicht
brauche, so ich fühle, reicht es mir, frei zu atmen.
Vielleicht muss ich gar keine Berge versetzen können.
Gerade jetzt, in dem Moment, ist der Plan, den Berg zu
besteigen.

Vielleicht muss es auch nicht gleich eine Weltreise sein.
Heute, jetzt, in dem Moment, ist es ein kleines bisschen
Rumreiserei.

Mut ist nicht nur ein Gefühl oder ein Charakterzug, Mut ist
ganz klar eine Lebensart, eine tolle noch dazu!
Mut ist dieses kleine Licht am Ende dieses langen Tunnels
oder viel mehr die Eisenbahn, die munter darauf zu fährt.
Ich muss nicht gleich alles haben, ein bisschen was reicht
schon ganz!

Und ja, vielleicht bin ich verrückt, weil ich an die Kraft der
Liebe glaube. Aber immer, wenn ich wirklich liebe, verliert
die Welt ein bisschen Ballast.

Akzeptanz ...

So lerne, die Dinge zu nehmen, wie sie kommen.
Das Wasser wird fliessen, die Blätter werden fallen.
Menschen werden gehen, und Tage werden enden.

Lerne loszulassen. Auch unter Tränen.
Das Wasser wird weiter fliessen, Blätter werden wieder wachsen. Neue wunderbare Menschen werden in dein Leben treten und die Tage werden weiterhin vergehen.
Mit dem Unterschied, dass du sie nicht mehr zum Bleiben zwingen willst. Freigeben kann Gnade sein.

Dieses kleine „Es"

Einige Geschichten werden vielleicht nie geschrieben, wenn dies jetzt nicht geschieht.

Einige Wege womöglich nie begangen, wenn sie nicht jetzt betreten werden.

Einige Wörter niemals ausgesprochen,
auch wenn sie alles sind, was gebraucht wird.

Entscheiden muss das jeder Einzelne jeden Tag aufs Neue. Ob ja oder nein, ob nach vorne blicken oder auf der Stelle treten.

Es könnte nie passieren, oder es ist bereits passiert, ohne dass du es bemerkt hast.

Und dieses kleine „es" hat keinen Namen, trotzdem hast du vielleicht an eine bestimmte Sache gedacht, die nur du zu kennen vermagst.

Achte auf die Zeichen, folge ihnen. Wenn du gerufen wirst, selbst wenn nur du es hörst, folge diesem Ruf.

Vergebung

Eines der grössten Geschenke, die wir einem anderen Menschen machen können, ist Vergebung. Denn Vergebung ist eine wesentliche Signatur von Liebe.

Die Kraft zu vergeben, nicht nur anderen, besonders uns selbst, es mag sein, dass du nicht glaubst, sie zu haben. Es mag dir vorkommen, als koste sie mehr, als du glaubst, geben zu können.

Doch die beste Zeit ist immer jetzt nicht gestern oder morgen. In exakt diesem Moment kannst du dich für Vergebung entscheiden. Sie ist nur einen Herzschlag entfernt.

Du hast immer eine Wahl

Wenn du verurteilt wurdest, wähle Verständnis. Wenn du nicht verstanden wurdest, wähle du dich zu verstehen, wähle Akzeptanz jener, die nicht verstanden. Wenn du verletzt wurdest, wähle Vergebung. Wenn du verstossen wurdest, wähle willkommen heissen. Damit meine ich nicht, dass du jenen, die dich schmerzlich berührt haben, nicht den Rücken kehren darfst. Vergebung ist ein Akt der Selbstliebe, so wie weiter - ja fortgehen- ein solcher Akt sein kann.

Sei verständnisvoll und vergebend, sei jener Mensch, den du einst brauchtest, als du dort warst, wo du nie mehr sein willst. So wirst du heilen, nicht gefangen, sondern frei sein. Frei in dir selbst, deinem Wirken, deinem Sein.

Es geht nicht darum, dagegen zu kämpfen und um jeden Preis verhindern zu wollen. Lege auch den Anspruch von »gebe nie auf« ab. Nur dich, die Verantwortung für dein Sein, dein Tun, gebe nicht ab.
All anderem lasse seinen Lauf. Und wenn dieser Lauf bedeutet, etwas auf und nach oben zu geben, wie es in der Adresse des Wortes steht, dann wehre dich nicht.
Lass aufgegebenes steigen, wie Luftballons in die Lüfte.

Es geht darum, zu akzeptieren.
Und langsam zu lernen, anzunehmen.
Darum zu verstehen, dass alles aus einem Grund passiert, auch wenn dieser nicht immer sofort ersichtlich ist.
Darum, dass nichts umsonst und alles vollkommen ist.

Erkenne dich in jener Vollkommenheit. Und fühle, wie hoch dieser geschlossene Friede, diese Vergebung, schwingt.

Akzeptiere, fühle und heile

Lasse es für eine Weile ruhen und begebe dich an einen Ort, an dem alles in Ordnung ist. Das ist der Ort, an dem du sein kannst, um ganz bei dir sein zu sein, sei es nur für einen kleinen Moment.

Setze dich hin und schliesse deine Augen, dann atme einfach nur. Atme. Spüre, wie dieser Atem deinen Körper mit Leben anfüllt.

An diesem Ort gibt es keine Probleme.
Weil sie jetzt in diesem Moment nicht wichtig sind.

Ich bin bei dir.
Immer bei dir und der Bewegung deiner Lunge, dem Klang deiner Atmung.
Ich bin direkt vor dir, ruhig und lächelnd.
Fühle die bedingungslose Liebe zwischen unseren Seelen.

Atme einfach und fühle die Bewegung der Erde unter dir, um dich, in dir. Akzeptiere, fühle und heile.
Nichts ist umsonst. Jede Erfahrung kann Weg sein.

Aufbruch

Verloren ...

Alles im Aufbruch, alles im Wandel, nichts ist mehr gleich, alles verwandelt.

Vielleicht sind schlaflose Nächte manchmal auch ein Prozess, der nicht zu verdrängen und einfach hinzunehmen ist. Auch wenn diese Nächte nicht nur schlaf-, sondern auch endlos wirken.

Und die Momente zwischen dem Sonnenaufgang und dem Aufgehen des Mondes sind alles in allem Abenteuer - manchmal kleine Abenteuer mit grossen Abenteurern am Steuer.

Und sag, wo ist all die Liebe hin?
Vergessen ist die Antwort, die keiner wagt zu geben.
Vergessen aber nicht verloren.
Verborgen, aber nicht gestorben.
Verborgen, aber nicht gestorben, zurückerlangen, nicht ausgeschlossen.

Gefunden ...

Alles im Aufbruch, alles im Wandel, nichts ist mehr gleich, alles verwandelt. Weil alles jetzt und hier beginnt, nicht morgen oder übermorgen.

Die Uhren auf null.
Neugestellt genau jetzt in diesem Moment und auf einmal

ersichtlich, ein weniger begangener, ja vergessener Weg als einzige Option auf dieser Welt.

Komm einfach nach Hause, sagt der Ort am Ende jener Strasse.

Nach Hause kommen ...

Alles im Aufbruch, alles im Wandel, nichts ist mehr gleich, alles verwandelt.

Es bleibt immer ein Stück, sei es nur Erinnerung, und nichts geht je ganz.
Und so steht es in den Sternen geschrieben,
höre nie auf zu lieben. In jenen Sternen, die tanzen.
Denn es ist nichts verloren, nichts mehr zur Gänze verborgen.

Alles an seinem Platz, in der Rechnung des grossen Ganzen.
Alles an seinem Platz, ohne Angst.

Und es ist ein wundervoller Morgen mit klarem Himmel und keinen Sorgen. Keine Sorgen, die das Schöne verborgen wissen wollen.

Alles im Aufbruch, alles im Wandel, nichts ist mehr gleich, alles verwandelt. Verwandelt im Zeichen des Aufbruchs.

Schatten

Schattenwesen,
Spiegelschatten,
Schatten steht allein.

Licht tut das niemals,
denn Licht,
Licht ist ein.

Herzen

Herzen - weit geöffnet in der Erfahrung des Liebens, eines nie endenden Liedes.

Und so sagt die Stimme des Lebens, es ist ein langer Weg. Also halte dein Herz so weit geöffnet, wies nur irgendwie geht.

Und wenn der Sommer nur einen Tag bleiben könnte, was würde dieser eine Tag denn alles bedeuten?

Am Ende eben dieses Tages, würdest du die Hand des Sommers halten? Ihm sagen, was er dir bedeutet, dass du ihn nicht vergisst, ihn jetzt schon vermisst? Würdest du ihm erzählen von den unzähligen Strahlen des Lebens, die du mit ihm erlebtest?

Und dann noch die Stimmen der Leisen, die beinahe schweigen. Wir wollen nicht akzeptieren, dass das, was mal war, schon lange nicht mehr dasselbe ist. Dass etwas Neues wartet.

Lieber Sommer, denn du musst gehen, du musst gehen.

Herzen im Takt der untergehenden Sonne schlagend. Ein Zirpen, ein Summen. Und dann würden wir uns sagen, dass wir uns viel bedeuten? Würden wir einander erzählen von den Strahlen des Lebens, die wir miteinander teilen?

Würden wir erkennen,
dass für einen kurzen Moment unsere Herzen schlagen, als wären sie eines?

Und wenn der Sommer nur einen Tag bleiben könnte, was würde dieser eine Tag denn alles bedeuten?

Würdest du die Hand des Sommers halten? Ihm sagen, was er dir bedeutet, dass du ihn nicht vergisst, ihn jetzt schon vermisst?

Also malen wir unsere Herzen an in den buntesten Farben. Unsere Herzen, die schlagen, als wär die Welt eine andere. Denn sie wird eine andere sein, jene, die wir erschaffen. Mit unseren eigenen Händen. Unseren eigenen Herzen.
Unseren Seelen.

Von Licht …

Von all dem Licht, das wir nicht sehen.
Von all dem Licht in dir und mir.
Von Licht überall und in allem.
Von allem und vom nichts.
In dem doch alles enthalten ist.
Von Nichts und von ganz vielem.
Von vielem und vielen.
Von vielen Lichtern.
Von Lichtern wie du und ich.
Von dir und von mir, von uns.
Von uns allen und dem Licht in uns.
Von uns als eines.
Von Licht.

Die Welt wird leuchten

Wenn wir alle die Liebe in uns wiedergefunden haben.
Wenn jeder von uns wach ist und festgestellt hat, dass wir
mehr sind als Mensch.

Die Winde haben sich gedreht, die Wolken sind verzogen
und der Horizont beginnt sich zu verändern.
Er scheint nicht mehr endlos, die Farben leuchten wie von
Licht gemalt.

Wo einst Schatten war, bricht ein leiser Sonnenstrahl
Jahrhunderte altes Schweigen. Liebe dringt vor, zu allem
Hass, der sich über die lange Zeit ansammeln konnte.
Er darf nun gehen, sich transformieren.

In leblose Gesichter schleicht sich ein Lächeln voller
Zuversicht zu tiefster Traurigkeit und fordert sie auf zu
gehen. Es ist Zeit.

Die bedingungslose Liebe darf in uns wachsen und blühen
als die schönste aller Blumen.
Wir geben der Zuversicht die Möglichkeit, uns zu erhellen
und dem Vertrauen einen Ort zu bleiben.

Wir verzeihen das einst Gewesene und schreiben neue
Geschichten ohne Hass, mit ganz viel Liebe. Geschaffen in
und durch Licht.

Dies ist die Wahrheit und wenn du das noch nicht sehen
kannst, ist das okay!
Warte, bis du es kannst, denn eines Tages wirst du es sehen.

Hier wird für dich immer eine Tür offen sein.
Vertraue darauf, es wird möglich sein.
Auf unserem Weg nach Hause, zu unserem Ursprung.

Die Welt wird leuchten, wir dürfen nur darauf vertrauen, dass alles, was geschieht, dazu beiträgt, eine neue Welt zu schaffen.

Rettungsmission Nummer 902

Hallo Fremder!
Ich schliesse hier an der Stelle aus,
dass du ein Alien bist, aber falls du doch ausserirdisch sein
solltest, gib dich doch bitte zu erkennen.

…

Hast du das gerade auch gehört? Nein?
O schade, dann schien das doch nur in meinem Kopf
gewesen zu sein. Ich dachte für einen Moment, ich wär
nicht ganz allein. Mit dem anders fühlen oder anders sein.

Ich wär so gerne dein Alien,
dann wärst auch du nicht mehr so allein.
Dann wär ich immer da, wenn auch nicht wirklich, so als
Hologramm nur für dich.
Beim Essen oder Zug fahren in der Nacht, dann hättest du
mich, dein Alien zwar nicht ganz da, aber auch nie mehr
weg, wenn du mich brauchst.

Dann wären wir zusammen und nicht mehr allein auf der
Rettungsmission Nummer 902.

Diese Nummer, sie steht für diesen Planeten.
Er braucht die Hilfe, damit das mal so feststeht.

Aber hey, falls du das gerade liest
und dich manchmal auch genauso fühlst, ich lass dich hier
wissen:

Ich seh dich!
Du bist nicht ganz allein, wenn auch in der Situation da schon, aber wenigstens nicht im Herzen, daheim.
Wir Ausserirdische, wir sind füreinander da.
Alle für uns, aber im Wissen, es doch eigentlich nicht zu sein.

Nun hier nochmals neu:

Hallo Fremder!
Ich schliesse hier an der Stelle nicht mehr aus, dass du ein Alien bist. Falls du doch ausserirdisch sein sollest zu deiner Info: Du bist nicht ganz allein, denn wir sind zusammen auf der Rettungsmission Nummer 902.

Wer bin ich?

Und ich bin mir nicht ganz sicher, wer ich für die Welt oder was ich für mich selbst gerade bin.
Das ist in Ordnung, ich brauche die Antwort jetzt nicht.

Einfach im Regen tanzen mit niemandem ausser mir und den Regentropfen. Allein in der Dunkelheit.

Ich bin mir nicht sicher, wer ich für die Welt oder was ich für mich selbst gerade bin.

Nur der Regen, eine alte Taschenlampe und ich singend, allein in der Dunkelheit.

Dann hört der Regen plötzlich auf und der Himmel beginnt sich zu klären. Was ich jetzt sehen kann, der Himmel, er funkelt im Licht von tausenden Sternen.

Ich beginne mich zu erinnern,
wer ich für die Welt oder nur für mich selbst gerade bin.

Da ist dieses überwältigende Gefühl,
nie genug und manchmal einfach zu viel zu sein, für mich selbst, aber auch für die Welt. Ich ahne, dass dieses Gefühl nie die Wahrheit sagt.

Wir alle wünschen, dass sich jemand an uns erinnert. Und das werden sie. Wir werden Erinnerungen sein.

In diesem Moment sehe ich hoch zu den Sternen und weiss: Wir sind nie allein.

Ich bin mir sicher,
ich muss gerade noch nicht wissen,
wer ich für die Welt oder für mich gerade bin.
Denn ich weiss, ich bin genug und niemals zu viel!

Ich.

Werde so glücklich sein, wie nur
irgendwie möglich.

Wir.

Sind so viel mehr als wir glauben zu sein
und verlieren manchmal sowohl den
Weg als auch das Ziel aus den Augen.

Sie.

Brauchen oft nur jemanden, der an
sie glaubt.

Alle.

Sollten wir diese Welt

umarmen.

Eins.

Das ist es, was wir sind, eins.

Lieber kleiner Bruder,

Für meinen kleinen Bruder

Ich habe ein bisschen Angst, um ehrlich zu sein, um dich, um mich, um uns im Allgemeinen.

Ich fürchte mich davor, dass jetzt plötzlich etwas endet. Etwas, das ich nicht genug festgehalten habe, was ich hätte geniessen sollen, damals, als ich es noch hatte, als du noch mit mir spielen wolltest. Als wir lachend und singend die Welt umarmen wollten.

Und ich weiss, es ist grad schwer,
so recht hab ich's doch noch nicht kapiert, dass du gross wirst oder das ein bisschen auch schon bist.
Dass du mich nicht mehr brauchen wirst.
Anders ja das sicher schon. Aber nicht so, wie als wir lachend und singend die Welt umarmen wollten.

Du fehlst mir kleiner Bruder, aber ich lass dich los,
geb dich frei. Du brauchst das jetzt, das hast du mir gezeigt.

Ich warte hier auf dich mit offenen Armen. Wann immer du zurückkommen willst, du wirst mit eben diesen offenen Armen empfangen.

Lasse mich noch eines sagen: Wenn du das willst,
wirst du immer ein Zuhause haben, und dann werden wir lachend und singend uns und die ganze Welt umarmen.

Lieber kleiner Bruder,
ich habe keine Angst, denn ich weiss, du wirst das schaffen
und auch ich werde immer ein Zuhause haben.

Löwenkämpferherzen

Vielleicht ists grad schwer, vielleicht einfach grad viel zu viel, das Leben dreht nicht schnell genug, die Spieluhr dafür umso mehr.

Aber Löwenkämpferherzen fokussieren sich munter auf den nächsten Schlag.

Alles kann besser werden, manchmal muss man durch das Feuer gehen. Nach vorne sehen. Das Ganze irgendwie durchstehen.

Sieh nur da oben, der Heissluftballon voller Träume. Ablaufdaten gibt es da oben nicht, nur Freiheit und viel Sonnenlicht, das wie ein Irrlicht den Weg zur immer grünen Ampel zeigt.

Viele Wolken, die verweilen und die wichtige Kreuzung anzeigen. „Zu deinem Ziel gehts da lang!"

Vielleicht ists grad schwer, vielleicht einfach grad viel zu viel, das Leben dreht nicht schnell genug, die Spieluhr dafür umso mehr.

Aber Löwenkämpferherzen wissen, der Weg ist das Ziel!

Wir haben uns alle schon einmal gefragt, wo der Sommer abgeblieben ist. Wo die seltsamen Stunden des seltsamen Tages dieses seltsamen Jahres hingeflossen sind.
Wann ist das denn passiert? Wo ist XY abgeblieben?

Standardsätze im Leben eines manchmal ziel- und planlosen Löwenkämpferherzens.

Vielleicht ists grad schwer, vielleicht einfach grad viel zu viel, das Leben dreht nicht schnell genug, die Spieluhr dafür umso mehr.

Aber Löwenkämpferherzen sitzen mit nem kalten Getränk auf einer flauschigen Wolke und winken den vorbei rasenden Minuten!

Lass uns mal verloren gehen, damit wir uns wieder finden können. Lass mal träumen vom Morgen,
das eigentlich schon wieder ein gestern geworden ist.

Lass mal etwas kindisch sein, weil wir das können. Lass uns mal fantasieren, über Luftschlösser sinnieren.

Lass uns mal nicht vermissen, was wir dachten, dass für immer uns gehört. Die Erinnerungen, die noch nicht vergessen, aber langsam doch verblassend sind.

Lass mal an uns glauben, auch wenn das jetzt nach Märchen klingt. Lass mal an das glauben, was wir denken zu wissen. Generell lass mal an das glauben, was wir sind. Viel mehr als Mensch, nur im kleinsten noch verwirrt.

Lass mal weniger zweifeln, weil das ja absolut nichts bringt. Lass lieber mal noch lauter brüllen, lauter sein, so wie Löwen das für gewöhnlich sind.

Sieh nur da oben der Heissluftballon voller Träume, er kommt schon näher.

Vielleicht ists grad schwer, vielleicht einfach grad viel zu viel, das Leben dreht nicht schnell genug, die Spieluhr dafür umso mehr.

Aber Löwenkämpferherzen lassen Zweifel niemals laut. Löwenkämpferherzen schlagen immer lauter - immer lauter als die Welt erwartet.

Folge ihm diesem Schlagen. Es zeigt deinen Takt. Tanze. Sehe die Zeichen. Und wisse, dass du wählen kannst. Wähle das Licht.

Danke!

Ich schreibe eine Danksagung.
Das heisst, ich hab einen meiner grössten Träume wahr gemacht und ein Buch geschrieben!
Als erstes danke ich meiner Familie dafür, dass ihr mich unterstützt, dass ihr mich in Geborgenheit und Liebe haltet, mich in eure Arme nehmt, wenn meine Welt sich zu schnell dreht. Ich weiss, ich werde immer ein Zuhause haben.
Danke, dass ihr mein Zuhause seid!

Ein riesiges Danke an Nana, meine erste Leserin überhaupt. Du wusstest schon immer, dass ich und all diese Worte zusammengehören, nicht wahr? Dieses Buch ist für dich auf so viele Arten.
Dann ein grosses Danke an meine Nachbarin, Korrektorin und Testleserin. Du warst die erste, die dieses Buch gelesen hat, dafür danke ich dir von Herzen!

Ich danke auch meiner lieben Freundin Ivana, dafür, dass du immer wieder betont hast, dass dieses Buch zu schreiben für mich unumgänglich ist. Vergiss nie, auch du wirst immer ein Zuhause haben!
Zoe, dir danke ich für deine chaotischen Sprachnachrichten und deine Inputs. Jede Nachricht von dir zaubert mir ein Lächeln aufs Gesicht.

Ich möchte den Menschen danken, die ich kennenlernen durfte, auch wenn viele bereits wieder weiter gegangen sind. Ich habe euch nicht vergessen und ich hoffe, ihr habt eure Flügel entdeckt oder werdet es noch tun.
Auch wenn ihr diese Worte womöglich nie lesen werdet, ich wünsche euch alles Liebe und Gute.

Ich danke auch dir, du liebe Seele, die du diese Zeilen gerade liest, dafür, dass du meine Gedanken - (Ge)dichte zu einem kleinen Teilchen deines Lebens gemacht hast. Aber vor allem danke ich dir dafür, dass du Mensch bist, gerade weil diese Erfahrung des Menschseins so oft mit Schmerz verbunden ist. Also danke dir da draussen dafür, dass du da bist und wir zur gleichen wunderbaren Zeit hier inkarniert sind! Dieses Buch ist für dich! Ich wünsche dir, dass du all die Liebe fühlen darfst, die dir mitgegeben wurde, die dich begleitet, wohin du auch gehst und dass du ein Zuhause hast. Sei immer auch dein eigenes Zuhause. Keins mit Türen und Fenstern, eins mit Lachen im Gesicht und Liebe im Herzen!

Und zu guter Letzt, sage ich danke zu dem kleinen Mädchen, zu mir von damals. Danke, dass du alles genau so gemacht hast, es war richtig. Jetzt sehe ich es. Immer war und ist alles genau richtig und wichtig.

Ich über mich

Mein Name ist Sophia Shanina und ich habe meine Aufgabe angenommen. Ich durfte erfahren, dass keine Wahrnehmung selbstverständlich ist und Wunder eine Art Wesenszustand sein können. Ich wurde als hellfühliger Mensch geboren, hatte meinen ersten Kontakt mit einem Lichtwesen, als ich drei Jahre alt war und begann nicht allzu lange danach mit Tieren zu »sprechen«. Diese Gaben zu leben ist meine grösste Freude.

Die Erfahrung eines (schwer)kranken physischen Körpers ist seit meiner Geburt ein Teil meines Lebens und hat mich, wie man sich vorstellen kann, sehr geprägt.

Wunder sind in meiner Welt mittlerweile der Normalzustand. Und es ist mein grosser Wunsch, eine Einladung zu sein, Fragen zu stellen, Perspektiven zu wechseln und Wunder zu sehen, die sozusagen bereits vor unser aller Türen stehen.

Dieses Buch ist eine Sammlung einiger Texte, meiner »Forschungsberichte des Staunens«, bestehend aus Teilen meiner »Gespräche« mit dem Universum, dem, was es (ent)hält und dem Raum dazwischen. Ich führe sie schon mein Leben lang.

Folge mir gerne auf Instagram (@sophia.shanina) und Facebook (Sophia Shanina Blaser)